MEMENTO DU RECEVEUR DES FINANCES

PAR UN COLLÈGUE

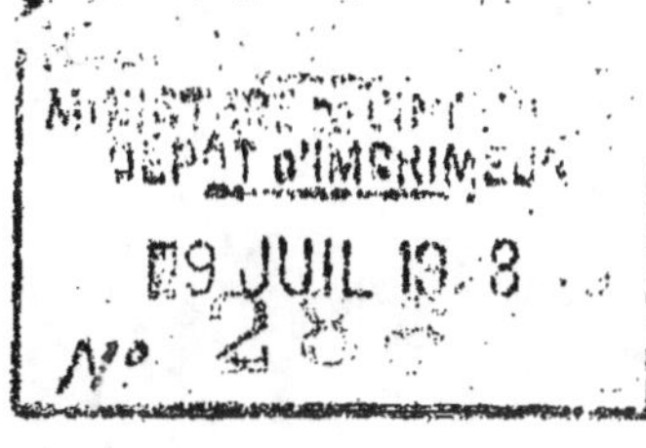

LIBRAIRIES-IMPRIMERIES RÉUNIES

L. MARTINET

7, Rue Saint-Benoît, Paris

—

1928

MEMENTO DU RECEVEUR DES FINANCES

PAR UN COLLÈGUE

SOMMAIRE :

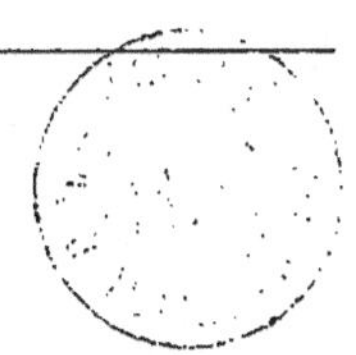

N. B. — Les N^{os} des Imprimés indiqués sont ceux des modèles du Catalogue des Librairies-Imprimeries réunies (L. Martinet, Directeur), fournisseur de l'ASSOCIATION DES COMPTABLES DIRECTS DU TRÉSOR.

MEMENTO DU RECEVEUR DES FINANCES

PAR UN COLLÈGUE

DOCUMENTS

A FOURNIR A DES DATES SPÉCIALES

Chaque jour :

157 Situation de Caisse.

173 Commissions d'achats et ventes de rentes et autres valeurs.

115 Avis de crédit des achats de rente, des recettes du Crédit foncier et Ville de Paris et des dépôts en comptes-courants, achats de valeurs.

116 Avis de débit des retraits ou chèques payés sur comptes-courants.

Tous les cinq jours :

Titres nominatifs et au porteur et certificats provisoires des Emprunts nationaux déposés pour échange (*Circ. du 16 avril 1924*).

Pièces de recettes du Crédit Foncier.

Tous les quinze jours :

Pièces de recette Ville de Paris.

159 *ter* **Relevé des frais d'envois de fonds** faits pour le compte du Trésorier général.

Créditer le T. G. des termes versés sur Emprunts nationaux et intérêts de retard, créditer pour le montant des mandats émis.

Envoi des Dépenses des fonds particuliers, par débit spécial.

513 Bordereau bi-mensuel des opérations (*Circ. du 10 avril 1890, mod. n° 1*). C. N. R. V.

Pièces de Recettes et Dépenses de la Caisse des Dépôts.

ASSURANCES EN CAS D'ACCIDENTS ET DE DÉCÉS

497 Avis détaillé des recettes effectuées (*Lois des* 11 *Juillet* 1868 *et* 9 *Mars* 1910).

499 Avis détaillé formé chaque quinzaine par le Receveur particulier (*Lois des* 9 *avril* 1898 *et* 24 *mai* 1899).

500 Avis détaillé des recettes effectuées pendant la quinzaine (*Circ. du* 10 *juin* 1899, mod. n° 3, *modifié Circ. du* 18 *déc.* 1912).

Éventuellement :

Avertissements afférents aux contributions dues par les chemins de fer de l'Etat (*Circ.* 23 *avril* 1913, *L. C.* 20 *avril* 1925).

Oppositions sur les traitements des employés de chemins de fer en vue d'obtenir le paiement d'impôts sur les salaires (*Circ.* 15 *juil.* 1922).

337-338 *bis* **Rapport journalier** sur les courses de chevaux.

Déclaration de changement de résidence : Rentes nominatives sur l'Etat. (Pour celles du département, les transmettre dix jours avant l'échéance; pour un nouveau département, vingt jours avant l'échéance.)

Déclaration de versement de droits universitaires (*Circ. du* 6 *avr.* 1920).

Envoi des Coupons à la Caisse Centrale (*Circ. du* 16 *mars* 1921).

258 État du personnel (cas d'installation ou de remise du service).

Relevé numérique des journaux à souche reçus de l'Imprimerie nationale (*L. C.* 2 *décembre* 1925).

Pour chaque perception 25 jours au moins avant l'ouverture de la tournée générale des mutations Etat des renseignements recueillis par le Percepteur et destiné au service de l'assiette (*Circ.* 20 *févr.* 1911).

et 15 jours avant l'ouverture de la tournée générale **P 263** des Percepteurs. Après la publication du rôle des Contributions directes : Titre de Perception au C/ Recettes accidentelles des frais de Perception de la taxe vicinale incorporée aux rôles généraux. En cas de Receveur spécial (*Circ.* 5 *février* 1923).

Dans les 2 mois de la mise en recouvrement des rôles généraux et des rôles de l'impôt sur le revenu. Etat modèle 4 (*Circ.* 26 *janvier* 1927).

Dans les 10 jours qui suivent la date d'application de la majoration de 10 %.
Produire Etats Modèle 2 accompagnés d'une récapitulation (*Circ.* 16 *mai* 1927).

Liquider la taxe vicinale de l'exercice précédent (*Circ.* 26 *décembre* 1925, 16 *mai* 1927).

Établir l'état des restes **P 251** pour la perception de ville (Exercice précédent).

PIÈCES DE QUINZAINE

G. 260 **Souches des Bons** souscrits pendant la quinzaine.

Les 4 et 24 **121 Lettre de quinzaine** (voir justification à la fin du memento) (*Circ.* 18 *mars* 1921 *et* 20 *décembre* 1922).

— **157** *bis* **État des soldes des valeurs en portefeuille.**

— **206** *ter* **Bordereau d'envoi de titres de pension** à renouveler, à la Trésorerie générale.

15 et 30 Pièces de Recettes et Dépenses du Crédit National.

5 et 20 Envoi à la Caisse Centrale des Bons remboursés (*Circ.* 11 *avril* 1922, 1ᵉʳ *mai et* 14 *juin* 1923) (Modèle **G 45** *modifié à* **G 305**).

PIÈCES MENSUELLES

Le 1er. 283-291 A Procéder à une allocation de centimes communaux (*Circ. du* 21 *août* 1918, § 2, *Circ. du* 23 *décembre* 1921, § 1 et *Circ. du* 5 *février* 1923).

Le 3. 292 bis Relevé mensuel des situations de recouvrement des contributions directes, des taxes spéciales y assimilées et des frais de poursuites, par perception (*Instr. gen.*, mod. n° 265, *Circ. du* 12 *janv.* 1883, mod. n° 1 et *Circ. du* 5 *février* 1923, *L. C.* 28 *août* 1926).

— 395 **État des relevés de jugements de condamnations** dont les extraits ont été inscrits pendant le mois (*Instr.*, mod. n° 11, *modifié Circ. des* 10 *mars* 1905, § 6, *et* 29 *fév.* 1912).

— 396 **Bordereau récapitulatif des bordereaux d'envoi** à envoyer à l'Enregistrement par le receveur des finances (*Instr.*, mod. n° 17).

— 227 **Résumé des procès-verbaux de vérification des percepteurs** (*Instr. gén.*, mod. n° 267). Conserver minute, produire en double.

— 234 **Résumé des procès-verbaux de vérification des caisses d'épargne** (*Circ. du* 10 *avril* 1902, *modifiée Circ.* 1er *août* 1910). En double, conserver minute.

Le 3. Relevé des chèques reçus en paiement dans l'arrondissement (*Circ.* 28 *avril* 1917). S'il est exigé.

Le 4. 397 Bordereau récapitulatif des fiches individuelles des condamnés qui se sont libérés des amendes pour crimes ou délits prononcées contre eux (*Circ. du* 25 *sept.* 1901, mod. n° 2).

Le 10. 397 A État récapitulatif des relevés des condamnés insolvables susceptibles d'être contraints par corps dans l'intérêt de la répression (*Circ. du* 21 *oct.* 1912, mod. n° 1).

Le 10. Décomptes du produit de la surtaxe communale sur les eaux minérales attribué au département. Etats établis par les Receveurs municipaux (*Circ.* 10 *mars* 1927).

Le 17. 435 Bordereau détaillé des placements par les *Caisses d'épargne* (*Circ. du* 4 *juill.* 1891, mod. n° 1).

— 440 **Bordereau détaillé des remboursements effectués** aux *Caisses d'épargne* (*Inst. gén.*, mod. n° 134, et *Circ. du* 4 *juill.* 1891, mod. n° 2).

— 436 **Bordereau détaillé des recettes** effectuées au *C/ des Établissements publics, séquestres, mandataires de justice, notaires, et au C/ des dépôts divers* (*Instr. du* 31 *janv.* 1878, mod. n° 1).

— 441 **Bordereau détaillé des dépenses effectuées** aux *C/ des Etablissements publics, séquestres, mandataires de justice, notaires, et au C/ des dépôts divers* (*Instr. du* 31 *janv.* 1878, mod. n°s 2 et 3). (*Circ. des* 24 *déc.* 1889 *et* 21 *avril* 1890).

Le 17. 447   **Bordereau détaillé des recettes et dépenses** au compte Sociétés de secours mutuels approuvées *L/C* de..... (*Circ: du 30 nov.* 1901).

— 514   **Relevé des recettes effectuées pendant le mois** (*Circ. du 10 avril* 1890, *modifié, Circ.* 6 *janv.* 1904 *et* 18 *déc.* 1912, mod. n° 2). C. N. R. V.

— 139   **Balance des comptes du Grand-Livre** pour les opérations du mois (*Instr. gén.*, mod. n° 351). Dispense pour le mois de janvier.

Le 23. 254 A et B.**État nominatif mensuel** des émoluments du personnel auxiliaire de la recette des finances (*Circ. du 14 décembre* 1923), et titulaires (*L. C.* 18 *janvier* 1926).

PIÈCES TRIMESTRIELLES

Le 2. 182   **État des opérations d'achats et de ventes de rentes sur l'État** à transmettre à la Trésorerie générale chaque trimestre.

— 150, 150 *bis*, 150 *ter*   **Relevé des capitaux employés en achats de rentes, Bons et Obligations** dans l'arrondissement.

— 550   **État récapitulatif** trimestriel des bordereaux comportant déclaration (*Circ. Comptabilite publique du 26 juin* 1911, Retraites ouvrières).

— 151   **État des remises revenant aux percepteurs** pour les achats de rentes effectués par leur intermédiaire pendant le trimestre (*Circ. du 25 janv.* 1904).

— 295   **Procès-verbal constatant les notifications faites, pendant le trimestre,** des décisions de la Cour des Comptes et du Conseil de Préfecture sur les comptes des receveurs des communes et des comptables assimilés (*Circ. du 26 juin* 1902, mod. n° 2).

Le 4.   **État des hommes dont le classement dans l'affectation spéciale est demandé** (Mod. 1).

—   État des agents qui au cours du trimestre précédent ont cessé d'exercer les fonctions ayant motivé leur mise en affectation spéciale (Mod. 6, *J. O. du* 10 *novembre* 1926, *L. C.* 6 *avril* 1927).

— 399   **État des gratifications dues aux agents verbalisateurs** (*autres délits que chasse et pêche*) (*Instr.*, mod. n° 72, et *Circ. du 7 mai* 1898, annexe n° 2) (399 *pêche maritime*, mod. n° 74).

— 400   **État des gratifications dues aux agents** (*chasse et pêche*) (*Instr., gén.*, mod. n° 74 *bis*, et *Circ. du 7 mai* 1898, annexe n° 4).

— 401   **Extrait pour les percepteurs** du relevé des insolvables forestiers à incarcérer (*Instr. gén.*, mod. n° 51).

— 402   **Relevé des condamnations forestières** (jugements et transactions) (*Instr. gén.*, mod. n° 20, *modifié, Circ. du 7 mai* 1898, *du* 10 *mars* 1905, § 6, e *du* 18 *juillet* 1922, § 3).

Le 4.   403   **Relevé des articles reportés, des décisions gracieuses**
des transactions sur délits de pêche, etc. (mod. n° 23,
modifié par *Circ. des* 10 *mars* 1905, 29 *fév.* 1912 et *du*
18 *juillet* 1922, § 3).

—   404   **Relevé des débiteurs** qui se sont libérés pendant le
trimestre de tout ou partie des condamnations prononcées contre eux en matière forestière, de pêche ou de
chasse (*Circ. du* 8 *mai* 1899, annexe n° 2).

—   405   **Relevé des extraits de jugements** transmis au service du
recouvrement en dehors des délais réglementaires pendant le trimestre (*Circ. du* 9 *août* 1904).

Le 5.   **État des mariages des dames employées** de Perception
(*L. C. P.* 18 *septembre* 1925).

Le 10.   **Liquidation provisoire des remises sur Bons du Trésor.**
G n°ˢ 41, 42, 44 (*Circ. du* 30 *juin* 1924, *L. C.* 31 *décembre*
1924, n° 30.830, *Circ.* 26 *février* 1926). Mod. 1.

—   **Relevé des Bons émis pendant le trimestre.** G n°ˢ 261, 262.

—   **Liquidation des remises sur obligations** remises en paiement de dommages de guerre (*Circ.* 20 décembre 1923,
L. C. 12 *février* 1924).

Le 10.   397 A **État récapitulatif des relevés des condamnés insolvables**
susceptibles d'être incarcérés.

—   **Envoi des demandes de mutation des Commis Trésorerie et Perception** (*L. C.* 14 *mai* 1924, n° 285).

—   **Envoi des relevés trimestriels** produits par les Percept.
P 422, P 423. États des patentes reçues par anticipation.
Tous les semestres envoi des relevés des paiements
d'acomptes sur marchés et adjudications destinés à la
Direction des contributions directes et aux Directions des
Indirectes et de l'enregistrement (*Circ.* 20 *août* 1925, § 6).

P 281   États des paiements effectués par le Percepteur pour
le C/ de l'Établissement des Invalides.

Le 10. 376   **État des indemnités dues aux agents des postes**, Contributions directes (Mod. n° 48, *Instr. du* 27 *juill.* 1912).

376 *bis* **État des indemnités dues aux agents des postes**, Amendes
(*Circ. du* 28 *août* 1902, mod. n° 16).

377   **Quittance d'indemnités** (*Circ.* 28 *août* 1902, mod. n° 16 *bis*).

378   **Titre de perception des frais** à recouvrer sur les rede-
vables (*même Circ.*, mod. n° 17) à utiliser également
pour les poursuites par porteur de contraintes et par
huissier (*Instr. du* 27 *juill.* 1912, page 23).

Le 10.   *Grouper les états de remise des Comptables pour les paiements
concernant les pupilles de la nation (sauf habitudes locales
contraires). (Circ.* 28 *mai* 1920, 12 *juill.* 1920, 10 *nov* 1920).

—   *Grouper les relevés des frais de service des percepteurs (Circ.
du* 14 *mars* 1925).

—   *Verser à la Banque de France les monnaies d'or et d'argent*
(*L. C.* 26 *mai* 1925).

PIÈCES SEMESTRIELLES

Le 5.   406   **État des consignations** (voies navigables), mod. 78.
—   **État des frais de déplacement** (*L. C.* 2 *septembre* 1926).

JANVIER

Le 1ᵉʳ.   **Transport au C/ « Règlement des opérations... » des** restes à recouvrer existant au C/ « Contribution extraordinaire sur les bénéfices de guerre » Exercice précédent. Production des états des restes à recouvrer (*Circ.* 26 *août* 1925).

Le 2.   **Dossier des comptes atteints par la déchéance trentenaire** pendant l'année écoulée. Joindre les lettres recommandées non distribuées par la poste et communiquées au Procureur de la République (*Circ.* 7 *mai* 1895).

—   **État des remises** pour le service de l'emprunt départemental de la Seine (en double) (*Circ.* 27 *juin* 1925, § 5).

Le 5.   **237 B** **Rapport de fin d'année** (mod. nᵒ 3, organismes des caisses d'assurances (*Circ. du* 13 *Mai* 1912). (En double).

—   **153** **Relevé sommaire des résultats des décomptes d'intérêts** des fonds placés au Trésor par les communes et établissements publics (*Inst. gén.*, mod. nᵒ 210). (En simple).

—   **États des restes à recouvrer** sur créances notifiées depuis plus de 6 mois à recouvrer pour le compte de l'Agent judiciaire du Trésor (*Circ.* 10 *mai* 1927).

—   **Relevé des frais de déplacement** (*L. C.* 2 *septembre* 1926, nᵒ 874).

Le 10.   **Relevé de Comptes courants fonds particuliers.**

—   **Relevé des ventes de valeurs françaises** (en simple). (Modèle donné par le **T. G.**)

—   **Relevé des achats de valeurs françaises** (en simple). (Modèle donné par le **T. G.**)

—   **Relevé des commissions prélevées sur coupons de valeurs françaises** (Modèle donné par le **T. G.**)

—   **325** **Tableau des jours de versement et des tournées des Percepteurs** (s'il est exigé).

—   **251** **Feuille de renseignements** à l'appui d'une demande de secours (*Instr. gén.*, mod. nᵒ 261, et *Circ. du* 23 *déc.* 1899). Conserver minute.

—   **297** **Situation semestrielle** du compte courant des communes et établissements par perception (*Circ. du* 13 *mars* 1897, mod. nᵒ 1).

—   **393** **Décompte des frais de distribution des avertissements** (*Instr.*, mod. nᵒ 66). (Amendes).

—   **394** **Mandat collectif de ces frais** (*Instr.*, mod. nᵒ 67). (En simple).

—   **309** **Balance annuelle du livre des comptes courants** pour placements *avec intérêts* par les communes et établissements publics (*Instr. gén.*, mod. nᵒ 352, et *Circ. des* 29 *mai* 1869 *et* 29 *fév.* 1908). (En simple).

—   **411** **Titre de perception provisoire des frais d'extraits de jugements** (*Instr. gén.*, mod. nᵒ 89). (En simple).

—   **154** **État des restes à recouvrer sur cotisations municipales et particulières** (*Circ. du* 30 *sept.* 1862, mod nᵒ 8). (En simple).

Le 10 G.46 **Liquidation définitive des remises sur Bons de la D. N.** (*Circ. du 30 juin* 1924 et *Circ. du 27 nov.* 1923, mod. 1 *ter*) (*Circ.* 26 *février* 1926. Mod. 2).

—   **État sommaire** comprenant à raison d'une ligne pour chaque prison le montant des sommes prises et le montant de celles qui auraient été recouvrées à titre d'amendes et condamnations (*Circ.* 26 *mars* 1927).

— 299 **Rapport de fin d'année** concernant les vérifications (*Circ. du* 10 *avril* 1902, mod. n° 8). Caisses d'épargne. (En triple.) Conserver minute.

— 299 *bis* **État de fixation des indemnités normales** pour la surveillance des Caisses d'épargne (*Lettre C. P. du* 31 *oct.* 1902, *C.* 4 *décembre* 1925). (En simple).

— 252 **Feuille individuelle de signalement.** Personnel titularisé. (En double). Conserver minute.

— 242 **Feuille de signalement des Percepteurs et Receveurs spéciaux** (expédition) *Inst. gén.,* mod. n° 276; nouveau modèle, *Circ. de la Direction du Personnel des* 4 *mai* 1894 *et* 30 *déc.* 1912. (*L. C.* 16 *décembre* 1925). (En double). Conserver minute.

— 525 **État annuel des propositions** faites en vue de l'attribution de médailles aux comptables (*Circ. du* 18 *oct.* 1893, § 10, mod. n° 7). (En simple).

— 458 **État détaillé des restes à payer** au 31 décembre sur cautionnements provisoires de soumissionnaires (*Circ. du* 21 *déc.* 1882, § 23). (En simple).

— 450 **Extrait du Livre-sommier des consignations** (*Circ. du* 10 *juill.* 1894, mod. n° 3). (En double).

— 407 **Situation des recouvrements par année** (*Instr. gén.,* mod. n° 68). (Amendes).

— 459 **Balance au 31 décembre** C/ courants des Caisses d'épargne (*Circ. du* 4 *juill.* 1891, mod. n° 3). (En double).

— 457 **Copie du compte courant** d'une Caisse d'épargne avec la Caisse des dépôts et consignations (*Instr. gén.,* mod. n° 135; *Instr. du* 15 *janv.* 1878, mod. n° 24, et *Circ. du* 30 *nov.* 1903, mod. n° 2). (En simple).

— 453 **Balance au 31 décembre** des Caisses de retraite, de secours et de prévoyance au profit des employés et ouvriers (*Circ. du* 30 *oct.* 1889, mod. n° 4). (En double).

— 455 **Copie du compte courant** des sociétés de secours mutuels approuvées (*Inst. gén. du* 31 *janv.* 1878, mod. n° 12). (En simple).

— 456 **Copie du compte courant** des caisses de retraite, de secours et de prévoyance au profit des employés et ouvriers (*Circ. du* 30 *oct.* 1899, § 4, mod. n° 3).

— 454 **Extrait du compte courant** des notaires, des établissements publics et des mandataires de justice (*Circ. du* 28 *avril* 1894, mod. n° 1). (En simple).

—   **Décompte des remises pour paiement des coupons du Crédit national** (2° semestre).

— État B *bis* **Certificats de primes à la natalité** payées par les Communes (*Circ.* 19 *septembre* 1922). (Même négatif).

Le 10. Adresser **Relevés P 219 des percepteurs** accompagnés d'un d'un relevé récapitulatif (*Circ.* 16 *mai* 1927).

— 452 **Balance au 31 décembre** des C/ courants des établissements publics et autres établissements assimilés, notaires, etc. (*Circ. du* 28 *avril* 1894, § 8). (En double).

— 413 **Titre de perception provisoire** des recouvrements effectués du 1er janvier au 31 décembre (*Circ. du* 10 *mars* 1905, mod. n° 1).

— 320 **État de la révision des traitements municipaux** à dresser par le Receveur des finances pour résumer les résultats de la revision des traitements des receveurs des communes et établissements de bienfaisance (*Circ. du* 9 *juill.* 1881, annexe n° 6, *et* 30 *oct.* 1906, § 2.) (En simple). Conserver minute.

Le 15. 301 **Rapport annuel au Trésorier général** sur la marche du service (*Inst. gén.*, mod. n° 273). (En double). Conserver minute.

— 302 **État des frais de poursuites** exercées pendant l'année (*Circ. du* 18 *janv.* 1914, mod. 1). (En simple.) Conserver minute.

— 303 **Résumé annuel de la situation des percepteurs** (*Inst gén.*, mod. n° 272, modifié. *Lettre commune du* 31 *déc.* 1912) (En double). Conserver minute.

— **État des restes à recouvrer** sur frais de poursuites engagés ponr le compte de l'Agent judiciaire du Trésor (*Circ.* 10 *mai* 1927).

Le 20. 389 **Titre de perception pour les recouvrements sur frais de poursuites,** admis en non-valeur (mod. n° 93, *Inst. du* 5 *juill.* 1895).

— 339 **Situation financière au 31 décembre** (*Circ. du* 15 *mars* 1927, annexe 5). (En simple). (Courses de chevaux).

— 339 *bis* **Rapport annuel** (En simple). Conserver minute.

Le 25. 306 **État représentant le résultat des comptes d'intérêts** dus aux communes et établissements publics sur fonds placés (*Instr. gén.*, art. 772). (En simple).

— 307 **Compte courant ou décompte d'intérêts** sur les placements des communes et établissements publics (*Inst. gén.*, mod. n° 209). (En simple).

— 308 *Le même,* **par perception,** pour le Conseil de Préfecture. (En simple).

Le 31. 261 **Inventaire des registres et pièces de comptabilité** ayant dix ans révolus, à verser à la sous-préfecture, et qui n'ont pas besoin d'être dénaturés avant d'être vendus (*Inst. gén.*, art. 1365). (En double). (*Circ. du* 8 *septembre* 1923).

— **État annuel des récépissés C. N. R. V.** (*Circ. du* 3 *mai* 1922; *Circ.* 7 *janvier* 1926).

DOCUMENTS A DÉNATURER AVANT LA VENTE

(Circ. des 21 mars 1892 et 4 juin 1908)
(Lettre commune du 8 septembre 1923)

262 **Inventaire des documents des perceptions,** ayant plus de trois ans, à déposer à la sous-préfecture (*Inst. gén.,* art. 96, 565 et 1527).

263 **Inventaire des documents des perceptions et des recettes des finances,** ayant plus de dix ans, à déposer à la sous-préfecture (*Instr. gén.,* art. 1365).

264 **Inventaire des documents des recettes des finances** ayant plus de dix ans, à remettre au service des domaines (*Instr. gén.,* art. 1365).

Faire régler les services d'assistance de l'année expirée avant le 24 janvier (*Circ. du 21 déc.* 1912, *Cir.* 20 *mars* 1925).

Transmettre les états des mines pour lesquelles la taxe reste impayée (*Circ. du 18 janv.* 1914).

Vérifier la balance d'entrée des percepteurs et receveurs spéciaux sur le livre récapitulatif et au Grand Livre.

FÉVRIER

Le 5. **311** **État de contrôle, par perception,** du montant des rôles de toute nature et des centimes communaux et spéciaux (facultatif).

Le 15. **319** **État récapitulatif des retenues pour pensions civiles** sur les remises de toute nature allouées aux percepteurs (*Instr. gén* , mod. n° 87, et *Circ. du* 31 *mai* 1862). (Simple et minute).

— **279** **État récapitulatif des frais de distribution des premiers avertissements** relatifs aux contributions directes et aux taxes assimilées (*Circ. du 8 déc.* 1891, mod. n° 2). (Solde de l'année précédente). (Simple et minute).

État statistique des frais d'avertissement (*Circ.* 27 *avril* 1895, § 4).

Le 24. **155** **État des restes à recouvrer sur produits départementaux** (*Règl. du* 12 *juill.* 1893, mod. n° 52). Modifié par Circ. Intér. du 3 déc. 1907. (En double).

Le 26. **Envoi des mandats du budget départemental** de l'exercice écoulé. (Après le 20, ne pas payer les mandats de départements étrangers).

S'assurer de la réception des budgets communaux.

Régler s'il y a lieu, les poursuites par la poste sur Amendes de l'exercice qui se termine.

Les ventes de rente de 3 0/0 amortissable sont suspendues du 21 au 28 février à moins que les vendeurs n'abandonnent leur droit au tirage ce qui doit être spécifié sur la Commission.

Le 28.   **Justifications des frais de service** (*Circ.* 14 *décembre* 1923, page 25).

—   **Centraliser les états mod. nº 3.** (*Circ.* 28 *mars* 1925). (Majoration d'impôts).

A la demande de la Trésorerie Générale :

Décompte des remises dues par la Caisse autonome de retraites des ouvriers mineurs (*Circ.* 4 *avril* 1925, § 8, mod. 1 et 2).

Même décompte pour la Caisse autonome mutuelle des agents des chemins de fer secondaires (*Circ.* 27 *janvier* 1926, § 5).

MARS

Le 1ᵉʳ.   **Mise à jour des états de restes à recouvrer des années précédentes** (*Circ.* 15 *octobre* 1922).

Le 10.   **Allouer le solde des centimes communaux de l'exercice précédent** (sauf aux perceptions n'atteignant pas 8 douzièmes de recouvrements. (*Circ. du* 21 *août* 1918).

—   **Procéder à un règlement de poursuites de l'exercice précédent** (Contributions directes).

—   408   **Situation et répartition des recouvrements sur amendes par exercice** (mod. nº 69 modifié, *Circ. du* 29 *fév.* 1912, mod. nº 2). (En simple). (*Circ.* 28 *février* 1925).

—   409   **État des frais de réparation dus à divers** (*I. G.*, mod. nº 76 *bis*). (En simple).

—   386   **Quittance portant répartition des frais divers d'assistance judiciaire** recouvrés et dus aux officiers ministériels et autres (*Circ. du* 10 *mars* 1905, mod. nº 3).

—   410   **État d'attribution des amendes recouvrées au profit des communes** (*Inst. gén.*, nº 76 *ter*). (En simple).

Du 8 au 15 mars les ventes de rentes 5 0/0 amortissable sont suspendues sauf abandon du droit au tirage à spécifier sur la Commission.

Le 20. 415   **État récapitulatif des états des restes à recouvrer sur amendes** (*Instr. gén.*, mod. nº 88 modifié *même Circ.*, § 6, et *Circ. du* 30 *juill.* 1908 et *du* 29 *fév.* 1912). Minute et expédition, joindre les états des percepteurs.

—   326   **État annuel des recettes** municipales ou spéciales à supprimer ou à créer (*Circ. Personnel*, 27 *août* 1902).

—   318 D **État récapitulatif des émoluments communaux** (*Circ.* 10 *fév.* 1921).

—   320 *bis* **Renseignements sur les perceptions et recettes municipales** (*Circ.* 10 *fév.* 1921).

CONSIGNATIONS (Prescription trentenaire)

Le 20. 462 **Bordereau des comptes** pour lesquels il s'est produit une cause interruptive de déchéance (*Circ. du 7 mai 1895*, mod. n° 2). (En double).

— 463 **Bordereau des comptes** soumis à la déchéance dans l'année (*même Circ.*, mod. n° 3). (En double).

MUTATIONS CADASTRALES

Le 20. 344 **Lettre d'avis aux percepteurs** de la tournée de mutation.

— 345 **Affiche faisant connaître le jour et l'heure où le percepteur se rendra dans les communes** pour recueillir les déclarations des mutations foncières.

Le 27. **Envoyer aux Comptables les bordereaux détaillés.** (Exercice précédent).

— 300 **Procéder à la vérification de la balance de la Caisse d'Epargne,** ce document doit être produit avant le 15 avril. (*Circ. C. P. 10 mai 1924*).

(Voir : *Pièces trimestrielles.*)

AVRIL

A la réception de l'état de restes à recouvrer sur amendes approuvé par le Préfet :

412 **Titre de perception définitif des frais d'extraits** (*I. G.*, mod. n° 90). (En simple).

417 **Relevé comparatif des titres de perception et des recouvrements** (*Instr. gén.*, mod. n° 85). (En simple).

379 **État présentant la situation** des frais sur amendes acquittés et des sommes recouvrées pour notifications de poursuites par porteurs de contraintes, par huissiers ou par la poste (*Circ.* mod. n° 18, et *Instr. du 28 juill.* 1912, *et Circ. des 17 janv.* 1914 *et 28 août* 1902). (En simple.)

414 **Titre de perception définitif : frais d'assistance judiciaire** (ne se fournit pas, négatif).

Le 20. **Transmission des états de cotes irrecouvrables** du 3° exercice et supplémentaires du 4° exercice (*Circ. 15 octobre* 1922).

— **Envoi des relevés récapitulatifs des états de reclassement des Perceptions.** L/C. 28 *mai* 1426. (En double.)

Le 25. **Liste des comptables qui seraient candidats aux fonctions municipales.**

Le 26.   **Envoi par débit spécial des mandats et rentes de l'exercice précédent** (autres départements).

Le 29.   **Envoi par débit spécial des mandats et rentes de l'exercice précédent** (du département).

Le 30. 451 **État des soldes des consignations** au 31 décembre (*Circ. des* 10 *juill.* 1894 et 24 *avril* 1896, § 12, mod. n° 1). (Tous les cinq ans). (*Circ.* 2 *janvier* 1920).

— 279 **État des frais de distribution des premiers avertissements, année courante.** (En simple). Conserver minute.

256 A **État des remises sur opérations extraordinaires.** (Modèle 6). *Circ.* 24 *juin* 1922).

— **Comptes de gestion des chemins vicinaux** fournis par les Percepteurs.

— **Transport au C/ « Reliquats »** provenant de divers services des frais de poursuites de l'exercice précédent restant à payer aux huissiers. Production des **P. 653** (*Circ.* 16 *février* 1924, § 5).

— **Transporter au C/ Règlement les restes sur Frais de poursuites pour le recouvrement de la contribution extraordinaire sur les bénéfices de guerre.** (*Circ. mars* 1923, 11 *avril* 1924 et 26 *août* 1925). Produire états des restes à recouvrer sur frais de poursuites et état des bénéfices sur frais de poursuites.

MAI

Le 6.   **Réception des relevés P. 112 des Percepteurs.**

Le 15.   **Passer au C/ Restes à recouvrer les restes de l'exercice précédent, Contributions, Revenus et Frais de poursuites.**

— **Passer au C/ « Communes L/C de taxes vicinales non allouées en fin d'exercice »** le montant non attribué sur taxes vicinales compte tenu des ordonnances de dégrèvement employées au 31 mars. Adresser les états **P. 112** à la Trésorerie générale, accompagnés d'un bordereau récapitulatif (*Circ.* 26 *décembre* 1925).

Le 25. 461 **Lettres recommandées aux intéressés** dont les consignations vont être atteintes par la prescription (*Circ. du* 15 *mars* 1900, annexe n° 1). Les lettres qui rentreraient non distribuées devraient être remises au Procureur avec une lettre d'envoi et un accusé de réception.

Le 31. 300 **État annuel au 31 mai,** concernant la balance des comptes individuels (*Circ. du* 22 *mai* 1906, mod. n° 1). Caisse d'épargne. (En simple). Conserver minute.

— **Relevé des pièces de dépenses** de la Ville de Paris restées impayées.

Faire additionner les articles rattachés au rôle général, se faire communiquer les mutations foncières rédigées par le Contrôleur et en prendre note au rôle général.

JUIN

Le 15.   **Grouper les renseignements sur la vente des notices** (*Circ. du* 17 *juillet* 1922).

—   **Préparer les sommations sans frais,** les expédier à partir du 20.

Le 25.   **Envoyer les bordereaux détaillés aux receveurs spéciaux** pour mise à jour au 30 juin.

Le 30.   309   **Balance au 30 juin du livre des comptes courants** pour placements *avec intérêts* par les communes et établissements publics (*Instr. gén.*, mod. n° 352, et *Circ. des* 29 *mai* 1869 *et* 29 *fév.* 1908). (En simple). (Facultatif certains départements).

—   297   **Situations semestrielles** du compte courant des communes et établissements par perception (*Circ. du* 13 *mars* 1897, mod. n° 1). (En simple). A viser par les comptables. (Facultatif selon département).

Du 22 au 30 juin, suspendre la vente de rentes 3 1/2 0/0 amortissables, sauf abandon des droits au tirage à spécifier sur la Commission.
(Voir : Pièces trimestrielles).

JUILLET

Le 2.   **État des commissions** pour le service de l'emprunt départemental de la Seine (*Circ.* 27 *juin* 1925).

Le 5.   **État des restes à recouvrer** sur les créances notifiées depuis plus de 6 mois à recouvrer pour le compte de l'Agent judiciaire du Trésor (*Circ.* 10 *mai* 1927).

Le 10.   **État des frais de déplacement** du 1er semestre (*L. C.* 2 *septembre* 1926).

Le 15.   **Décompter les remises pour paiement des Coupons du Crédit National.** — 1er Semestre.

Le 20.   **Si des remboursements ou des causes interruptives de déchéance** se sont produits depuis l'envoi du bordereau (mod. n° 3, *Circ du* 7 *mai* 1895), en informer la Caisse des dépôts par avis spécial (*Circ.* 18 *mars* 1900, annexe n° 1).

Le 25.   **Faire envoyer les contraintes extérieures** (Perception de ville et perceptions).

—   **Communiquer aux percepteurs les états de restes à recouvrer** pour mise à jour au 31 juillet.

—   **Commande de carnets d'échange de Rentes sur l'État** (*Circ.* 18 *juillet* 1924).

AOUT

Le 5.   **Exercer les poursuites par sommation.**

—   **Établir la commande générale d'imprimés.**

—   **Commande des journaux à souche.**

SEPTEMBRE

Du 8 au 15, suspension des ventes de rentes 5 0/0 amortissables.
(Voir : *8 mars*).

Le 25.   **Envoyer les bordereaux détaillés aux receveurs spéciaux** ; s'assurer de l'arrivée des budgets additionnels.

Le 30. 239   **Rapport de fin de saison.** Jeux (en simple). Conserver minute (Voir : *Pièces trimestrielles*).

OCTOBRE

Le 10.   **Envoi des avertissements des contributions dues par le chemin de fer de l'Etat.** (Taxes assimilées, patentes supplémentaires, divers).

Le 20.   **Signifier les Commandements.**

Le 25.   **Bordereau des carnets d'autorisations de paiements demandés par la Chambre des notaires** (*Circ.* 21 *avril* 1890).

Examiner les procès-verbaux de vérification du service des comptables et s'assurer qu'il a été satisfait aux observations formulées.

Contrôler les allocations d'ascendants (*Circ.* 8 *août* 1921 et 6 *novembre* 1924).

NOVEMBRE

Le 1ᵉʳ.   **Solder les rôles du 3ᵉ exercice** (*Circ.* 15 *octobre* 1922).

Le 10.   **Grouper les feuilles de signalement des Commis de perception** (*Lettre C. P. n°* 30593 *du* 25 *octobre* 1922).

—   379   **État présentant la situation des frais acquittés et des sommes recouvrées pour notifications des poursuites par porteurs de contraintes, par huissiers ou par la poste** (*Circ. du* 28 *août* 1902, mod. n° 18, et *Inst. du* 28 *juill.* 1912, *et Circ. du* 17 *janv.* 1914). Contributions directes.

Le 15. 257 F et D **Frais de gestion.** États modèles, 5, 7 et 8. (*Circ.* 4 *février* 1927).

Le 20.   **S'assurer du transport des recettes sur la Taxe sur les chiens.**

—   **Comptabilité des perceptions** (*L. C. des* 27 *juillet* 1923 *et* 31 *juillet* 1924).

Le 30. 321   **État des restes à recouvrer** au 30 novembre de la 3ᵉ année sur contributions directes et taxes assimilées de tous exercices provenant de cotes dont le recouvrement est suspendu (*Circ. du* 10 *sept.* 1905, mod. n° 1).

Contrôler la concordance des crédits du Grand Livre avec la situation mensuelle des percepteurs sur tous produits.

DÉCEMBRE

Le 10.   **S'assurer que les excédents de versement sur taxes vicinales** qui n'ont pas été remboursées ont été transportées au C/ Excédents de versement sur produits communaux (*Circ.* 20 *décembre* 1925, p. 8).

Le 31.   **Situation indiquant le nombre de journaux à souche remis aux Comptables** (*L. C.* 2 *décembre* 1925).

—   **321**   **État des restes à recouvrer** au 31 décembre de la 3ᵉ année sur contributions directes et taxes assimilées de tous exercices provenant de cotes don le recouvrement est suspendu (*Circ. du* 10 *sept.* 1905, mod. nº 1).

Le 25.   **Faire arrêter le livre des placements au trésor des communes.**

—   **Envoyer les bordereaux détaillés aux comptables** pour mise à jour.

Le 31.   **Envoi de la Balance** des comptes courants de fonds particuliers (*Circ.* 25 *juin* 1926).

Se faire rembourser le prix des journaux à souche si ce n'est déjà fait.

(Voir : *Pièces trimestrielles*).

DOSSIERS
FORMANT ARCHIVES DANS UNE RECETTE DES FINANCES

Collection du Journal officiel (*Lettre C. P. du* 15 *janvier* 1921).
Révisions des traitements municipaux.
Renseignements sur les commis de perception.
Evaluation et révision des propriétés non bâties.
Congés — Mesures disciplinaires.
Tournées des percepteurs.
Elections au Conseil de discipline.
Relevé des dépenses publiques payées annuellement.
Rapports au Conseil d'arrondissement.
     — sur la circulation monétaire.
     — sur la marche du service.
Demandes de secours (veuves de percepteurs).
Inventaires des archives déposées annuellement.
Réorganisation des perceptions (projets).
Etat du produit annuel de la Recette des Finances.
Remise des percepteurs, minute des décomptes.
Remise de service des perceptions et de la Recette des Finances.
Procès-verbaux et résumés de vérification des comptables.
Rapports des Inspecteurs des Finances.
Feuille signalétique des comptables et commis titulaires.
Relevé des frais annuels (personnel et matériel).
Etats du personnel de la Recette des Finances.
Dossiers des Caisses d'Épargne.
     — Sociétés de courses et d'assurances.
Dossier du service des jeux (prélèvements).
Observations faites sur bordereaux détaillés.
Renvois de l'administration de l'Enregistrement.
Compte d'emploi des tickets (Service municipal).
Etats de restes à recouvrer des percepteurs.
Frais de gestion des percepteurs.

Classement par points des perceptions (classement officiel au 1er janvier 1927).

Procédures devant les tribunaux civils (dossiers).

Rappels de contraintes (années récentes).

Dossier concernant la mobilisation (*Lettre* 14 *avril* 1927).

TABLEAU DE RENSEIGNEMENTS STATISTIQUES DIVERS

1º Nombre de récépissés **A** délivrés pendant l'année.

—	—	B	—
—	—	C	—
—	—	D	—
—	—	G	—

2º Nombre de quittances à souche (Perception de ville).

3º Reconnaissances de dépôts de titres à échanger délivrées. (*État Crédit national*).

Nombre de retraites ouvrières payables.

— pensions diverses.

— coupons payés annuellement.

TABLEAU D'ÉCHÉANCES DIVERSES

1er janvier.	Crédit Nal 1919. / 3 0/0 perpétuel.	1er juillet.	Crédit Nal 1919. / 3 0/0 perpétuel.
10 —	Obl. 6 % am. 1927.	10 —	Obl. 6 % am. 1927.
16 —	3 0/0 amortissable. / 4 0/0 1918.	16 —	3 0/0 amortissable. / 4 0/0 1918.
1er février.	Retraites ouvrières. / Crédit Nal 1922-23. / Obl. ch.-de-fer Etat. / Bons 15 ans 1927.	1er août.	Retraites ouvrières. / Crédit Nal 1922-23. / Obl. ch.-de-fer Etat. / Bons 15 ans 1927.
16 —	5 0/0 et 3 1/2 am.	16 —	5 0/0 et 3 1/2 Am.
1er mars.	Pensions, série A et rentes viagères.	1er septembre	Pensions série A et rentes viagères.
5 —	4 0/0 1925.	5 —	4 0/0 1925.
16 —	4 0/0 1917.	16 —	4 0/0 1917.
25 —	Bons à 3 ou 5 ans.	25 —	Bons à 3 ou 5 ans.
1er avril.	3 0/0 perp. C. Nal 24. / Oblig. de la Caisse autonome.	1er octobre.	3 0/0 perp. C. Nal 24. / Oblig. de la Caisse autonome.
15 —	Crédit Nal 1923 2e Eon.	15 —	Crédit Nal 1923 2e Eon.
16 —	3 0/0 amortissable. / 4 0/0 1918.	16 —	3 0/0 amortissable. / 4 0/0 1918.
25 —	Bons de 10 ans 1924.	25 —	Bons à 10 ans 1924.
1er mai.	Retraites ouvrières. / Crédit Nal 1921. / 5 0/0 amortissable. / 6 0/0 amort. 1927.	1er novemb.	Retraites ouvrières. / Crédit Nal 1921. / 5 0/0 amortissable. / 6 0/0 amort. 1927.
16 —	5 0/0 et 3 1/2 0/0 am.	16 —	5 0/0 et 3 1/2 am.
1er juin.	Pensions, série A et rentes viagères. / Bons décenn. 1926.	1er décemb.	Pensions série A et rentes viagères. / Bons décenn. 1926.
16 —	4 0/0 1917 et 6 0/0. / Crédit Nal 1920.	16 —	4 0/0 1917 et 6 0/0. / Crédit Nal 1920.

NOMENCLATURE DES INSTRUCTIONS DIVERSES

Collection des circulaires de la Comptabilité publique et autres directions.

Crédit Foncier — Crédit National — Ville de Paris — Trésorerie générale — Préfecture.

Caisses d'épargne.

Instruction générale sur la Comptabilité publique du 20 juin 1859.

— — sur le service des amendes du 5 juillet 1895.

Règlement sur les poursuites du 1er mars 1862.

— sur la comptabilité du 16 octobre 1867 (Instruction publ.)

— — du 18 décembre 1867 (Beaux-Arts).

— — du 3 avril 1869 (Guerre).

Règlement sur la Comptabilité du 14 janvier 1869 (Marine).

— — du 26 décembre 1866 (Finances).

— — départementale.

Instruction sur le service des mutations (20 août 1912).

— concernant les oppositions et saisies-arrêts du 31 août 1905.

Extrait pour les receveurs municipaux de la circulaire du 25 août 1879 sur le contrôle des coupons d'emprunts départementaux et communaux.

Règlement du 4 mai 1899 sur la comptabilité des collèges.

Instructions des 25 juin 1906, 10 août 1908, 16 janvier 1911, relatives aux soutiens de famille.

Instruction du Crédit Foncier de décembre 1886.

— du 4 juin 1908 sur les imprimés des percepteurs.

— du 31 décembre 1908 pour la révision des natures de culture.

— du 18 mai 1909 sur la réglementation des jeux.

— du 15 juin 1909 sur les deniers pupillaires.

— du 20 juin 1911 sur la comptabilité financière des sociétés mutuelles et caisses de retraite des syndicats professionnels.

Arrêtés interministériels (retraites ouvrières) : 25 avril 1911, 11 août 1911, 28 août 1911, 29 janvier 1912, 16 mars 1912, 18-19 juillet 1912, 7 août 1912.

Recueil de documents sur les retraites ouvrières (Avril 1911-Septembre 1912).

Instruction sur les poursuites en matière de contributions directes et taxes assimilées (27 juillet 1912).

Instruction sur le fonctionnement de la caisse autonome des ouvriers mineurs (15 février 1917).

Notions élémentaires sur les impôts directs (*Recueil de décembre* 1926).

CAISSE DES DÉPÔTS ET CONSIGNATIONS
Instructions, circulaires, correspondance.

Instruction du 15 octobre 1877. Service et comptabilité des préposés.

Instruction du 30 novembre 1877. Service des fonds de retraite et pensions diverses.

Instruction du 1er décembre 1877. Service des Consignations.

Instruction du 15 janvier 1878. Service des Caisses d'épargne.

Instruction du 31 janvier 1878. Service des Dépôts divers.

Instruction du 30 novembre 1879. Service des successions de militaires et fonds de masse.

Instruction du 1er juin 1883. Service de la Caisse des offrandes nationales.

Instruction du 1er décembre 1888. Service des Caisses d'assurances.

Instruction de 1911. Service des Caisses d'assurances. (*Lois de* 1868 *et* 1899).

Instruction du 1er août 1877. Service de la Caisse des retraites pour la vieillesse.

Instruction du 4 avril 1924 à l'usage des percepteurs. Caisse des retraites pour la vieillesse.

Instruction du 5 mars 1887 à l'usage des receveurs des postes. Caisse des retraites pour la vieillesse.

Instruction du 28 octobre 1914. Retraites des ouvriers mineurs.

Instruction du 15 février 1917. Retraites des ouvriers mineurs.

Collection des circulaires de la Caisse des dépôts depuis le 30 juillet 1878.

Recueil des lois, décrets, ordonnances, etc., concernant la Caisse des dépôts.

Tarifs destinés au calcul des rentes viagères de la Caisse des retraites pour la vieillesse.

Instruction du 30 novembre 1901. Sociétés de Secours mutuels.

CONTROLE DU SERVICE

Vérifier les situations mensuelles et balances des Comptables.

Vérifier à domicile le service des Comptables.

Assister aux séances des Caisses d'Épargne.

Centraliser et transmettre les divers documents établis par les comptables subordonnés (Consulter à cet égard le calendrier spécial, Librairie MARTINET).

Vérifier les journaux à souche des Comptables et les situations de caisse.

Surveiller le renouvellement des inscriptions hypothécaires sur amendes et celles intéressant les communes ou établissements.

Rappeler les contraintes extérieures non rentrées.

Surveiller l'exécution des incarcération des condamnés désignés.

Surveiller la rentrée des états des services d'assistance des avis de contributions extérieures et des ordonnances de dégrèvement.

Majorations d'impôts de 10 0/0 (*Loi* 22 *mars* 1924, *Circ.* 17 *juin* 1924).

Chaque mois :

Pointer les résultats de la Balance de la Recette des Finances avec les registres de comptabilité.

Chaque trimestre :

Arrêter le livre des produits communaux.

Vérifier les bordereaux détaillés des Comptables.

Chaque année **Vérification des comptes de gestion des Communes et établissements.**

1er visa le 15 avril. — 2e visa après les sessions de mai.

Examen des comptes vicinaux le 5 avril.

NOTES DIVERSES

Acquisitions d'immeubles. Expropriation, gré à gré (*Circ.* 17 *octobre* 1921).
Dispense de purge (*Circ.* 30 *octobre* 1922).
Femmes mariées. Dispense de communication du contrat de mariage et de justification de remploi lorsque le prix est inférieur à 1.500 fr. (*Circ.* 10 *mai* 1924 § 7).

Actes notariés. Leur forme (*Circ. Caisse des Dépôts du* 3 *mai* 1922 *et* 15 *février* 1926).

Amendes. Recommandation sur écrou (*Instr. gén.* 1893, art. 400 et 401).
Contrainte par corps, durée (art. 321).
Acomptes, imputation (art. 517).

Assistances (*Circ.* 29 *avril* 1925).

Baux des immeubles occupés par les Trésoreries générales, Recettes des Finances ou Perceptions. Projets à soumettre à l'Administration des Domaines (*L. C.* 15 *octobre* 1925).

Bons de la Défense Nationale. Comptabilité (*Circ.* 17 *novembre* 1923).
Remises (*Circ.* 26 *février* 1926).
Remboursement par anticipation. Barème (*Circ.* 14 *novembre* 1924 *et L. C.* 4 *avril* 1925).

Caisses d'Epargne. Transferts (*Circ.* 22 *juillet* 1903, *Circ. Caisse des Dépôts du* 31 *décembre* 1926).
Maximums (*Circ.* 26 *octobre* 1926).

Chèques. Reçus en paiement (*Circ.* 23 *décembre* 1926).
Visa (*Circ. de la Direction du Mouvement des fonds du* 27 *avril* 1918).
(Voir timbre-quittance.)

Chèques postaux (*Circ.* 8 *janvier* 1919 *et* 12 *novembre* 1923).

Comptes de gestion. Envoi à la Cour des Comptes (*Circ.* 18 *janvier* 1914, § 6).
Juridictions compétentes (*Circ.* 17 *octobre* 1921 *et* 14 *avril* 1922).
Présentation, simplifications (*Circ.* 3 *mars*, 7 *août* 1923 *et* 12 *janv.* 1927).
Rattachements de gestion (*L. C.* 16 *avril* 1925).

Commissions extérieures. Emission et envoi (*Circ.* 27 *mai* 1923, § 1).

Contraintes. Emission et envoi (*Circ.* 15 *juillet* 1922).

Renvoi des contraintes non recouvrées après poursuites (*Circ.* 10 *octobre* 1904).

Conseil de Préfecture. Constitution des dossiers relatifs aux affaires contentieuses jugées par les Conseils de Préfect. (*L. C.* 27 *juill.* 1923).

Contraintes et contributions extérieures (*Circ.* 10 *novembre* 1926).

Contributions directes. Chèques contributions (*Circ.* 17 *mars* 1925).

Exigibilité des impôts directs (*Circ.* 15 *janvier* 1922 *et* 5 *février* 1923, *art.* 2 *de la loi du* 4 *avril* 1926).

Impôts additionnels (*Circ.* 14 *janvier* 1926).

Imputation sur dommages de guerre (*Circ.* 5 *avril* 1925).

Majoration des impôts. (*Circ.* 17 *juin* 1924, *L. C.* 23 *mars* 1925, *Circ.* 28 *mars* 1925, *Circ.* 14 *janvier* 1926, *Circ.* 16 *mai* 1927).

Privilège. Déchéance (*Circ.* 15 *octobre* 1922). Consignations effectuées pour le compte de Faillites et liquidations (*Circ. Caisses des Dépôts* 15 *février* 1926).

Réclamations suspensives du paiement (*Circ.* 19 *mai* 1903, 10 *septembre* 1905, 15 *octobre* 1922, § XIV).

Solde des rôles. Avances des Comptables (*Circ.* 15 *octobre* 1922 et 25 *septembre* 1924).

Contribution extraordinaire sur les bénéfices de guerre. Apurement, dégrèvements (*Circ.* 3 *septembre* 1918, 2 *mars* 1923, 11 *avril* 1924).

Mesures conservatoires (*Circ.* 10 *août* 1922, 15 *mai* 1924, 19 *sept.* 1925).

Correspondances. Indications à porter sur la correspondance destinée à l'Administration centrale (*Circ.* 11 *avril* 1924, § 5).

Valeurs au porteur. Franchise. Indiquer sur les plis : « Décision ministérielle du 9 octobre 1916 ». Ces plis ne doivent pas dépasser le poids de 2 kilogrammes (*Circ.* 10 *novembre* 1920).

Envoi de fonds. Les espèces circulant par la poste ne doivent pas dépasser 50.000 francs dans chaque pli, déclaré à la poste pour 1.000 francs, l'Etat s'occupe de l'assurance (*Lettre C. P.* 15 *janv.* 1921).

Courses de chevaux (*Circ.* 15 *mars* 1927, § 4).

Dommages de guerre. Imputation des créances de l'Etat sur dommages de guerre (*Circ.* 5 *avril* 1925).

Echange des certificats inaliénables contre des certificats au porteur (*Circ.* 30 *octobre et* 26 *décembre* 1925).

Emprunts des communes et établissements publics (*Circ.* 25 *août* 1879). Impôts (*Circ.* 6 *juillet* 1926, 27 *octobre* 1926).

Héritiers. Payement sur l'acquit d'un cohéritier se portant fort jusqu'à 500 francs.

Payement sur production d'un certificat de propriété délivré par le maire, jusqu'à 500 francs (*Circ.* 22 *avril* 1926).

Fonds (Garde des) (*L. C.* 18 *janvier* 1924).

Fonds particuliers des Trésoriers généraux (*Circ.* 25 *juin* 1926, 31 *août* 1926 et 15 *septembre* 1926).

Impôts sur les revenus des créances, dépôts et cautionnements (*Circ. Caisse des Dépôts du* 2 *février* 1925).

Fonds particuliers (*Circ.* 4 *décembre* 1925 *et* 27 *octobre* 1926).

Imprimés. Revision des modèles à l'usage des Percepteurs (*Circ.* 31 *mai* 1919 *et* 3 *novembre* 1925).

Marchés. Maxima (*Circ.* 27 *mars* 1924).

Octrois. Règlement-type (*J. O. du* 31 *décembre* 1926).

Oppositions (*Loi du* 12 *avril* 1922. *Circ.* 19 *mai* 1922).

Paiements. Preuve testimoniale (*Circ.* 15 *février* 1924); admise jusqu'à
500 francs même pour les pensions (*Circ.* 30 *juillet* 1925).
Refus de paiement (*L. C.* 12 *mai* 1925).
Sociétés. Jusqu'à 1.500 francs paiement des mandats sur communica-
tion des pièces habilitant le mandataire à donner quittance (*Circ.*
3 *septembre* 1924 *et* 16 *février* 1924).
Virements. Payements communaux (*Circ.* 3 *mars* 1925 *et* 20 *août* 1926).
Héritiers (*Circ.* 8 *décembre* 1926).
Exemption de timbre (*L. C.* 14 *janvier* 1925).
Minima de 5.000 francs par adjudication ou marché (*Circ.* 6 *avril* 1926).
Remploi de capitaux appartenant à une femme mariée. Justification.
(*Circ.* 31 *mars* 1890).

Pensions. Changement d'assignation de paiement (*Circ.* 22 *déc.* 1922).
Paiement sur livret à coupons (*Circ.* 9 *novembre* 1920).
Allocations d'ascendants, division des titres collectifs (*Circ.* 11 *mars*
1922 *et* 29 *juillet* 1925).

Personnel. DISPOSITIONS COMMUNES. Congés (*Circ.* 1er *août* 1921, 11 *juin*
1924 *et L. C.* 30 *juin* 1926).
Frais de déplacement (*Décret du* 31 *juillet* 1926, *Revue du Trésor*
1926, page 487).
Incompatibilité (*L. C.* 6 *mai* 1924).
Secret professionnel (*Circ.* 16 *septembre* 1920 *et* 31 *août* 1925).
Secours aux anciens Percepteurs, aux anciens Commis de perception,
de Trésoreries générales et de Recettes des finances, à leurs veuves
et orphelins (*L. C.* 4 *janvier* 1926).

— RECEVEURS DES FINANCES. Allocations variables (*Arrêté du* 19 *fé-
vrier* 1926).
Frais de gestion (*Circ.* 14 *décembre* 1923, 25 *février* 1925, *L. C.*
27 *avril* 1925 *et Circ.* 4 *février* 1927).
Gestion intérimaire (*Circ.* 11 *avril* 1927).
Gestion personnelle. Délégation de signature, Instruction générale,
art. 1268 et 1269. (*Revue du Trésor de* 1922, p. 154).
Partage des remises sur Bons (*Circ.* 26 *février* 1926).
Suppression des Recettes des finances (*Circ.* 5 *décembre* 1926).

— PERCEPTEURS ET RECEVEURS SPÉCIAUX. Cautionnement des Per-
cepteurs (*Circ.* 22 *avril* 1919 *et* 7 *janvier* 1927).
Désignation d'un Percepteur comme gérant d'une recette spéciale
(*Circ.* 30 *novembre* 1908, § 1, 10 *mars* 1905, § 3, 11 *mars* 1913, § 15).
Frais de service des Percepteurs (*Circ.* 14 *mars* 1925, *L. C.* 8 *mai*
1925, *L. C.* 31 *octobre* 1925, 6 *février* 1926, 23 *mars* 1926).
Gestions intérimaires des Percepteurs (*Circ.* 25 *août* 1921).
Installation d'un Percepteur (difficultés d') (*L. C.* 13 *septembre* 1919
et 5 *juin* 1926).
Mesures disciplinaires. Propositions (*Circ.* 10 *juin* 1907; *Receveurs
spéciaux* 23 *avril* 1913). Déficits et débets (*Instruction générale,
art.* 1315 *et* 1561).
Nomination. Accusé de réception des nominations des Percepteurs
(*L. C.* 15 *mai* 1919).
Permutations avec le personnel des Trésoreries (*Officiel* 11 *déc.* 1923).
Prestation de serment des Percepteurs stagiaires (*L. C.* 18 *mars* 1925).
Résidence, changement (*L. C.* 5 *juin* 1926).
Statut des Percepteurs (*Officiel* 27 *février* 1921).

— Commis de perception. Statut (*Circ. 2 mars* 1920).

Pensions des commis auxiliaires (*Circ. 3 avril* 1912).

Participation de l'Etat au traitement des Commis auxiliaires des perceptions. Aide familiale, examen (*Circ. 25 mai* 1920 *et* 14 *mars* 1925).

— Commis de trésorerie. Permutations avec les percepteurs (*Officiel* 11 *décembre* 1923).

Placements des Fonds communaux (*L. C.* 5 *mars* 1926, *Circ.* 26 *juin* 1926).

Poursuites. Exécution des poursuites et taxe des frais (*Circ.* 28 *août* 1902; *Instr.* 27 *juillet* 1912; *Circ.* 27 *mai* 1922, 16 *mai* 1922, 10 *janvier* 1923; *L. C.* 27 *juillet* 1923; *Circ.* 10 *mai* 1924, 11 *juillet* 1925, 30 *oct.* 1925; *L. C.* 19 *avril* 1926; *Circ.* 17 *juin* 1926, 26 *janv.* 1927).

Récépissés. Rectification (*Circ.* 26 *décembre* 1896).

Recouvrements pour le compte de l'Agent judiciaire du Trésor (*Circ.* 10 *mai* 1927).

Régie municipale. Contrôle. Responsabilité du Receveur municipal (*Mémorial* 1896, P. 144, *Revue du Trésor* 1926, P. 246),

Ressources fiscales (*Circ.* 29 *juillet* 1920, 26 *mai* 1924, 14 *janvier* 1926).

Rentes. Echanges (*Circ.* 16 *avril* 1924 *et* 20 *août* 1925). Paiement des rentes nominatives (*Circ.* 2 *mars* 1926).

Saisies-arrêts. Petits salaires et traitements (*Loi* 27 *juillet* 1921, *Circ. Caisse des Dépôts du* 10 *décembre* 1921).

Sociétés mutuelles. Dépôts (*Instr.* 30 *novembre* 1901).

Spectacles (*Circ. des Indirects* 9 *août* 1920, n° 1161).

Taxations de la Caisse des Dépôts (*Circ.* 20 *mars* 1926).

Taxe vicinale. Liquidation, écriture (*Circ.* 26 *décembre* 1925).

Taxes communales autorisées (*Loi du* 13 *août* 1926; *J. O. du* 14 *août* 1926; *Règlement d'administration publique du* 11 *décembre* 1926; *Revue du Trésor* 1927, page 120).

Titres de recettes communales. Envoi (*Circ.* 21 *août* 1924, § 2; *Instr. générale, art.* 1285).

Traités de gré à gré. Mémoires (*Circ.* 21 *août* 1918 *et* 27 *mars* 1924).

Traités avec les contributions indirectes (*Circ.* 29 *juillet* 1920 *et* 26 *mai* 1924).

Versements à la C. N. R. (*Circ. Caisse des Dépôts* 10 *septembre* 1921).

Versements des percepteurs (*Circ.* 20 *décembre* 1923).

TARIF DES DROITS DE TIMBRE-QUITTANCE

De	10 fr. 01 à	100 fr...................... ...	**0 fr. 25**
—	100 fr. 01 à	1000 fr......................	**0 fr. 50**
—	1000 fr. 01 à	10.000 fr......................	**1 fr.**
—	10.000 fr. à	50.000 fr......................	**3 fr.**

Au-delà 1 fr. en plus par tranche de 50.000 fr.

Dispositions diverses. — Sont frappés d'un droit de timbre-quittance uniforme de 0 fr. 25 les reçus constatant un dépôt d'espèces effectué chez un banquier, un agent de change, un comptable public (*Circ.* 31 *août* 1925, p. 26).

Les quittances des sommes réglées par voie de chèques à un compte de virements sont exemptes du droit de timbre (*Art.* 8 *de la loi du* 31 *décembre* 1924; *L. C.* 14 *janvier* 1925; *Circ.* 16 *août* 1925).

Timbre de dimension (*Circ.* 26 *octobre* 1926, § 4).

TARIF DES FRAIS DE POURSUITES SUR CONTRIBUTIONS

(*Loi du 29 avril 1921, art. 21; Circ. du 27 mai 1921, 11 juillet 1925; Loi du 4 avril 1926, art. 6; L. C. du 19 avril 1926*).

Taxe aux officiers ministériels (*Circ. 10 mai 1924, 11 juillet 1925, 30 octobre 1925, § 1er*).

Exemption de timbre et d'enregistrement (*Loi du 18 juillet 1911*).

Le tableau fixant le tarif des frais de poursuites annexé à l'article 20 de la loi du 18 juillet 1911 est remplacé par les dispositions ci-après :

Sommation avec frais ou à tiers détenteur **1 0/0** du débet.

Commandement **3 0/0** du montant du débet.

Saisie, quelle que soit la nature de la saisie, **5 0/0** du montant du débet.

Récolement sur saisie antérieure.
Signification de vente..........
Affiches...................... } **2 ½ 0/0** du montant du débet.
Récolement avant la vente......
Procès-verbal de vente.........

Minimum : **0 fr. 20** pour les sommations; **2 fr.** pour tous les autres actes (*art. 5 de la loi du 4 avril 1926; L. C. 19 avril 1926*).

La taxe des frais accessoires, pas plus que la taxe des frais à payer aux agents de poursuites ne sont changés.

TARIF DES FRAIS DE POURSUITES SUR AMENDES

Commandement notifié par le service des postes. Coût **9 fr.** plus **2 fr. 40** pour copie supplémentaire.

(*Fixé par arrêté ministériel du 31 décembre 1925, publié au J. off. du 15 janvier 1926; L. C. 3 février 1926*).

Taxe des frais à payer (*Circ. 26 octobre 1926*) :

Original...............	3 fr. 60
Copie.................	3 fr. 60
Poste.................	0 fr. 01
Recommandation.......	0 fr. 60 (art. 64 de la loi du 30 avril 1926).
Indemnité au facteur...	0 fr. 05
Indemnité au Receveur.	0 fr. 10

7 fr. 96 plus **3 fr. 60** par demi-feuille supplém.

Commandement notifié par huissier. Coût : **12 fr.**

Commandement notifié par porteur de contraintes. Coût : **12 fr.**
(*Décret 18 septembre 1925; Circ. 30 octobre 1925, § 1er, 26 octobre 1926*).

Frais de garde et frais de transport (*L. C. 24 août 1925; Circ. 30 octobre 1925*).

INCARCÉRATIONS
(*Circ. 28 avril 1921 et 14 avril 1922.*)

Jugements de S. P. ou correctionnels dont la peine ne dépasse pas 5 jours de contrainte : 5 fr.

Coût porté à 18 fr. pour jugements correctionnels entraînant une contrainte supérieure à 5 jours.

Affranchissement des avertissements : 0 fr. 01 par avertissement (*L. C. 7 mai 1927*).

Extraits de rôle. Rémunération de 0 fr. 50 par extrait (*Circ. 31 août 1925, § 5*).

JUSTIFICATION DES RECETTES DE QUINZAINE

Mandats émis sur divers comptables...................... État R-P 129.

Retenues pour pensions civiles.. Relevé R-P 142.

Produits universitaires.......... Bordereau R-P 136 (en double).

Taxe conduite des automobiles... Bordereau R-P 136 *bis*.

Budget départemental.......... Relevé R-P 143 (Mensuel).

Opérations hors budget départemental......................... Fiche récapitulative des états P 473.

Deniers pupillaires .... —   —   mod. 2.

Caisse des dépôts.............. Déclaration R-P 166, éventuellement R-P 464.

Excédents de versement........ Relevés des percepteurs.

Permis de chasse.............. —   R-P 127.

Cotisations................ ...... —   R-P 147 (Mensuel).

Locations verbales .... Fiche récapitulative des états P 209.

Divers Comptables L/C de recouvrements..................... Bordereau R-P 132 et 118.

Perception de ville L/C de recouvrements..................... Récépissés D joints à la Dépense.

Versements des Caisses d'épargne Ordre de versement des directeurs.

Versements des Sociétés de secours mutuels ....
   — dépôt du président au C/ courant.
   — dépôt du président au C/ fonds de retraite et délibération.

Nota. — *Les autres recettes sont en règle générale justifiées par des titres de perception, il suffit alors d'établir une fiche récapitulative de ces titres.*

Joindre le dépouillement des recettes, modèle R-P 122, et la copie des contre-parties et du Compte courant du Trésorier général.

TABLEAU DU PRODUIT DE LA RECETTE DES FINANCES

Année 1927

Remises ordinaires :			Frais de Service :		
Traitement fixe........			Assurance incendie matériel et archives		
Perception de ville....			Loyer des bureaux et cabinet...........		
Achats de rentes......			Frais de déplacements.		
Caisse des dépôts....			Traitement des auxil^res.		
Crédit foncier			Imprimés, reliures, etc.		
Ville de Paris........			*Journal Officiel*		
Caisse d'Épargne			Chauffage, éclairage...		
Fonds particuliers ...			Balayage et nettoyage.		
Crédit National........			Entretien et amortissement du matériel...		
Pupilles de la Nation..			Affranchissement divers.		
Caisse autonome des ouvriers mineurs.			Gratifications au personnel :		
Deniers pupillaires....			— sur Bons du Trésor.		
Office des mutilés.....			— Obligations		
Office agricole départ^al.			— Crédit foncier..		
TOTAL........			— Ville de Paris ..		
			— Fonds particu^liers		
Remises extraordinaires :			— Crédit national .		
Emprunts nationaux...					
— Crédit national.					
— Crédit foncier..					
— Ville de Paris..					
Chemins de fer de l'État.					
Bons du Trésor......					
Obligations décennales.					
— sexennales.			Erreur de caisse......		
Caisse des retr. d'assu^ces.			Assurance vol........		
TOTAL GÉNÉRAL...			— accidents...		
			Annuité pour cautionnement mutuel		
Pour mémoire :			Annuité pour frais de déménagement......		
Allocations pour :			Retenues pour pensions civiles		
Frais de personnel			Matériel non inventorié (Intérêts sur capital.)		
— matériel à justifier...					
— — sans justification					
Frais de 1er avertis^ent..					
Indemnité de résidence.					
— de recouvrement ..					
— charges de famille.					
TOTAL......			**TOTAL......**		

PRODUIT NET........

ENREGISTREMENT DES DÉPENSES DE SERVICE : 1928

Nos D'ORDRE	DATE DES DÉPENSES	NATURE DE LA DÉPENSE	NOM DU FOURNISSEUR	SOMME PAYÉE

ENREGISTREMENT DES DÉPENSES DE SERVICE : 1928

Nos D'ORDRE	DATE DES DÉPENSES	NATURE DE LA DÉPENSE	NOM DU FOURNISSEUR	SOMME PAYÉE

Crédit :

....

TRAITEMENTS DU PERSONNEL AUXILIAIRE

MOIS	CAISSIER	AUTRES AUXILIAIRES :					INDEMNITÉS résidence et VIE CHÈRE	CHARGES DE FAMILLE	TOTAL
		M	M	M	M	M			
Janvier.									
Février.									
Mars....									
Avril....									
Mai.....									
Juin									
Juillet ..									
Août....									
Septem.									
Octobre.									
Novemb.									
Décemb.									

BONS	OBLIGATIONS	GRATIFICATIONS DIVERSES SUR :					FONDS PARTIC^rs	TOTAL
		EMPRUNT						
		DE L'ÉTAT	CRÉDIT FONCIER	VILLE DE PARIS	CRÉDIT NATIONAL			

COMPOSITION DU PERSONNEL DE L'ARRONDISSEMENT

POSTE	TITULAIRE	COMMIS TITULAIRE	AUXILIAIRES	OBSERVATIONS NUMÉRO DU COMPTE POSTAL

1° Recette des Finances :

2° Perceptions et Recettes spéciales :

RENSEIGNEMENTS

Numéro du C/ de chèques du Trésorier Général.
Numéro du téléphone du Trésorier Général.

ADRESSES UTILES

Caisse des Dépôts et Consignations : 56, rue de Lille, Paris.

Caisse des Dépôts et Consignations (Retraites ouvrières) : à Arcueil (Seine).

Syndic des Agents de change : Palais de la Bourse, Paris.

Crédit Foncier de France : 19, boulevard des Capucines, Paris.

Crédit National : 43, rue Saint-Dominique, Paris.

Recette Municipale de Paris : Hôtel-de-Ville, Préfecture de la Seine.

Recette Centrale de la Seine : 9, place Saint-Sulpice.

Caisse autonome des ouvriers mineurs : 77, av. de Ségur, Paris (xve).

Caisse autonome des retraites des agents des chemins de fer secondaires : 10, rue de Londres, Paris.

Service des Émissions : Pavillon de Flore, au Louvre, Paris.

M. le Directeur des Publications officielles, Imprimerie Nationale : 27, rue de la Convention, Paris XVe.

Cour des Comptes : 13, rue Cambon, Paris Ier.

Établissement des Invalides de la Marine : 3, avenue Octave-Greard, Paris.

Caisse autonome de gestion des bons de la Défense nationale et d'amortissement : 56, rue de Lille.

Cautionnement Mutuel : 19, avenue de l'Opéra, Paris.

Revue du Trésor : 7, rue Saint-Benoît, Paris VIe.

4024. — A. C. T. — Lib.-Imp. réunies, L. Martinet, Directeur. — 1927.